김·연·희·시·집

도서출판 경남

경남시인선 128

시간의 숲

초판 발행일 | 2009년 12월 5일
2 쇄 발행일 | 2009년 12월 28일

지은이 | 김 연 희
펴낸이 | 오 하 룡
펴낸곳 | 도서출판 경남

주소 | 631-430 마산시 서성동 66-18
연락처 | (055)245-8818~8819/223-4343(팩스)
홈페이지 | www.gnbook.com
이메일 | gnbook@empal.com
등록 | 제2호(1985. 5. 6.)
편집팀 | 오태민 | 심경애 | 구도희

ISBN 978-89-7675-594-0-04810

책머리에

아침 희망을 선물하는
새들의 지저귐에 눈을 뜹니다.
민들레 꽃잎보다 느린 발걸음으로
호젓한 영혼을 헹구어 내는
아름다운 어르신의 눈망울을 마주합니다.

아픔 한 올 실이 되고
기쁨 한 장 빛이 되어
겹겹 수놓은
허물어지지 않는 기억의 초부가樵婦歌를
시간의 숲 그루터기에서 건집니다.

새로운 출발지 '아름다운 요양원'에 몸을 담고
오늘 하루도 아름답게 살았나 반성하며
보다 나은 내일을 지향합니다.
존재의 둥지에 깃든 구원의 사랑 강림을
두 손 모아 기도드리며.

2009년 초겨울
낙동강변의 아름다운 너싱홈에서

| 차 | 례 |

제2부 문신 미술관

제3부 01과 02 사이

제4부 진료소에서

제5부 호스피스 추모시

제1부 노을의 향기

노을의 향기
–너싱홈에서 · 1

침묵 끝에서 기다리네

언제쯤 구름 되어 날아갈까
노을 품에 누워
안식 깃 내린 쇠약한 방울새

스쳐간 세월 바람은
박하사탕처럼 감미로웠지
세월 겨드랑이에 푸른 잎 재운
젖은 언덕도 꽃비였지

한줄기 망설이는 솔바람에
발자국 한 줄 벗고
희미한 기억 잎 가슴에 얹어
외로움 푼 하늘 침대에 영혼 맡기네.

어머니 천사

－너싱홈에서 · 2

내 기억의 창고엔
아름다운 거울이 걸려 있지

주먹만 한 어린 것들은
졸랑대는 강아지와 놀면서 나를 기다렸지
알록달록 흙빛 나는 옷가지
오줌 젖은 빨래가 무거운 물동이 나를 재촉하였어.
단풍 같은 사랑 기다린 하루해는 스르륵 넘어갔지
스르르륵 스르르륵 고마운 임들이여
나도 저 해처럼 스르륵 넘어가야지

깊은 주름도 검버섯도
평화 머무는 시간의 숲속에서
오늘도 묵언으로 기도 탑 쌓으신다.

슬로우 쿠커

여기는 딴 세상

서두르지 말고 쉬지도 말라
한 말씀 안고 시작된 사랑
낮은음자리에 미지근한 사랑

느긋하게 움트는 은근한 빛
메말라 단단해진 땅거죽을 뚫고
뾰쪽 연초록 싹 돋는 힘

눈먼 애벌레 등 줄 가운데 가르고
딱딱한 집 헤집고 나오는 안간힘
새 세상 신생아 쪽쪽 젖꼭지 빠는 힘

마침내 뜨겁게 익는 사랑방

벚꽃의 잠언

물오름, 물오름에
피워 올린 저 천 송이 만 송이
가슴에 내려와 가만가만 눈(雪)이 되는
잎, 빛, 혼의 환희
아름다운 것은 짧아
인생도 그러하다 순간으로 말하지

덩실덩실 꽃물결에 천지는 출렁
황홀한 자태로
공중에서 꿈꾸는 젊은 날
그토록 아름다운 순간은
마음에 담아 키우는 것이라고
하늘 입궁入宮에서 말하지

쇠사슬과 날개

뙤약볕 아래 붉은 모델
노예의 합창곡을 듣나
녹슨 쇠사슬 끝에서
쉬는 고추잠자리

평생 소원 하나 있소
내 아들 내가 키우다가
아들보담 단 하루 늦게 죽는 거요
아망*의 목덜미에 사슬의 주름살

사는 날을 하늘 가운데 걸고
붉은 날개로 그물 짜기
공존 그리고 안식
구속 그리고 자유

*아망 : 장애아, 아이들이 부리는 오기.

낚시가게, 손님

가게 커다란 유리 창문은
언제나 싱싱한 바다 안이다
희끗희끗한 머리카락을 쓸어 올리며
동화 같은 해맑은 희망 빛 앞세워
콩콩 문 두드리는 설렌 가슴 하나
수은등이 켜지고
따라 나오는 그림자처럼 비상한다
사락사락 슬리퍼에서 깨어나는 새벽이
낡은 바지에 파도 타며 휘감긴다
갯지렁이 등줄기에 모여든 빛 무리
하얀 사각 종이 통에 담겨질 때
당당함과 우스꽝스러움이 교차한다
곧 만나게 될 풍경들을
푸른 소용돌이 속에서 건지리라
숨겨진 감각 솜씨를 보여 주리라
낚싯줄 끝에 걸려 있는 오늘
바다 빛 신선한 꿈이
전천후 비늘을 안고
비상구를 빠져나가듯 서두른다
유리창 아닌 바다 한 가운데로.

늪에 구르다

생각사록 쌓이는 울분 한바다에 던지고 하늘 닿은 앞산에게 수백 번 바친다한들 사라지랴 간밤엔 자다가 벌떡 일어나 앉아 벽을 보고 몰래 흘린 눈물 지독한 바보로다. 처량한 이른 새벽 서글픈 눈빛 보내던 무당개구리야 찐득한 수렁의 뙤약볕에 의연한 너의 모습 어찌 본받아 지탱할꼬. 한숨의 늪에 구르다 그 가운데 푹 빠져들면 통곡의 그림자 지워질까. 대답 없는 물음표 던져보나마나 목줄 터져라 소리 내어 실컷 울어나 볼까. 아니다. 이미 독이 된 쓰레기를 지버리쉬*로 쏟아내면 주님은 텅 빈 가슴에 남은 유리조각 생채기로 빛나는 한줌 꽃씨 틔워 주실까. 차라리 갈기갈기 설운 넋으로 가시연꽃 피워 주실까.

*지버리쉬Giberish Meditation 명상.

제가 졌습니다

장마철에 제비가 집을 짓겠다고 하였습니다. 보건진료소 주민용 찜질방 현관문 위에 진흙을 물어 나르기에 제비님. 여긴 개인 집이 아니니 제발 다른 곳에 가십시오. 부탁입니다. 부디 여기보다 더 좋은 곳에 트십시오. 미안합니다. 아랑곳없이 새벽을 가르며 들락날락 박찬 그 빠른 몸놀림. 기초공사 쌓이면 눈 질끈 감고 비질하며 허물기를 하루, 이틀, 사흘, 나흘. 거듭 미안합니다. 사정사정 중얼중얼. 달래어도 얼려보아도 소용없는 빗속에서도 꼭 짓고야 말겠다는 저 곧은 본능과 섭리. 마음 가는 곳에서 안락한 둥지 지어 알 낳아 새끼 치겠다는데 어찌 막으리오. 마침내 바닥엔 신문지를 깔고 받침대를 세웠습니다.

하느님. 제가 졌습니다.

지구촌 동행
-2009년 5월

어제의 눈물을 씻고 봄비가 내렸어요.
신이 가꾸는 평화의 숲에서
생명이 쏘옥 쏙 피어나는데
한줄기 거센 바람은 무지개 우산을 뒤집고
사람들 동그란 눈을 굴리지만
언론에 대한 색안경을 쓰고 신문 속을 들여다봅니다.

그놈의 무서운 칼 법이 잘난 체 번쩍이며 사람을 잡데요
불기둥 분노를 삼키고 또 삼키고 그래도 살아야지요
노 전 대통령 추모 인파 속에서 고고한 흰 국화
죽음 앞에 노란 깃발은 말이 없고
이렇다 저렇다 검찰은 어깨가 천근만근
지구는 오늘도 뜨거운 도가니
북한 핵실험에 인공지진 도발행위 규탄규탄
파키스탄의 폭발테러 불덩어리
꽃잎을 먹는 거북이 떠올리며
주남저수지 장다리물떼새 그립습니다.

배꼽 드러낸 여자 춤 도시의 광란에
지구촌 외곽에서 구호식품을 기다리는

소녀의 슬픈 눈망울과
한 손에는 총을, 한 손엔 디카를 쥔 병사.
덕수궁 수문장 교대 시간에
남쪽바다 칼의 노래는 울려 퍼지고
검은 대륙 소년의 얼굴에 고인 눈물에서
장애인 합창단 영혼 소리 울립니다.

북극 빙하는 쉼 없이 녹아내리는데
니체, 사르트르의 외침처럼 정말 신神은 죽었나요
그 무엇을 위하여 한마음이 되자고 소리쳐 보아도
점점 흩어지고 사라져 돌아오지 않는데
풀리지 않는 일인 시위는 질긴 봄 더위를 먹고
한편 작은 마을 경로당의 지순한 사랑처럼
슬픈 눈의 꽃사슴이 천진한 아이들과
사랑을 주고받습니다.

노란 종이비행기가 하늘로 날아갑니다.
제비는 노란 주둥이를 쫙 벌리고
어미를 기다립니다.

시락리*의 봄

할아버지 홀로 소 몰고 골짜기 논으로 가신다

머리에 보릿대 모자 하늘을 이고
어깨엔 물새 나래 얹고
손바닥에 삼라만상의 무게를 담고
가슴엔 사랑과 순종의 음계에
깊은 골짜기 젖줄 같은
쓸쓸한 한 가닥 힘줄
발끝 흙 방울 꿈틀꿈틀 달고
긴알락꽃하늘소 꽃 속에서부터
만물의 무덤까지 경계도 없는
영원한 들숨 날숨 비밀이 열리어
워낭 소리 이랴 자랴 힘겹게 흔들린다.

손 놓을 수 없는 봄은
다시 오련만

*시락리 : 마산시 진전면 시락리.

그냥 그렇게

해 뜨면 눈뜨고
해 지면 잠들고
새들처럼 그렇게
간단하고 쉽게
가족들이 모여서
자연에게 순종하며
날마다 바보가 되어
마냥 그렇게 살 수는 없을까?

안개 · 1

오늘 안개는
온 세상을 덮고 싶나 보다
허연 몸으로
검은 휘장을 치고 있다
눈 위의 눈을 뜨고 환희의 죽음을
기다리며
하늘의 눈을 닫고 뉴스를 접는다
보이는 것 보이지 않는 것 모두 가린
미세한 서릿발의 적막
이윽고
하늘 향한 작은 창문 하나
희미한 공중에 띄웠다.

안개 · 2

어둔 밤 밀림 속인가 아무것도 보이지 않는 캄캄한 미로에서 어디론가 빠져 가려니 자동차 키가 없다 어디다 두었는지 두리번거려도 도무지 찾을 수가 없는데 나는 차 속에 있다. 차는 슬슬 속력을 낸다. 브레이크도 페달도 없는 운전석에서 안절부절못하다가 순식간에 낭떠러지로 굴러 떨어지고 아악아악 나는 죽었다… 아아… 내 고물차로 인해 돌진하는 자동차가 남의 집을 두 채나 부숴버렸다는 소문은 우우우우 돌고 나는 이제 어떻게 하나. 아이구우 하느님 아버지… 안개 속에서 눈을 뜨니 절벽 같은 악몽에 잡아먹히지는 않아 다행이다. 저기서 한 줄기 빛이 보인다.

사랑한다 말해놓고

라면 중에서 가장 달콤한 라면은
-그대와 함께라면-

농담처럼 우스갯소리처럼
그대여, 자연이여 사랑해. 사랑해
사랑해야지, 사랑할거야. 사랑한다 말해놓고

길 위에는 오늘도 빽빽한 매연
오늘도 숨 막히는 편리주의 욕망

헉헉 점점 뜨거워지는 지구
허공의 불화살 절규를 듣는지

사랑한다는 말 거두어라
행동 없는 믿음처럼 거두어라

사랑은 말하는 것으로 전부가 아니다
말없이 희생하는 것이다. 책임을 져라

길 잃은 표적 앞에서 할 말 없다.
-진정 그대와 함께라면-

제비와 함께 졸다

일백구십구일 비었던 둥지에 찾아든 제비가 무어라무어라 인사하기에 작년에 살던 제비인가? 어떻게 그 먼 길을 다시 찾아왔을까? 도래가 신기해서 빗자루 바닥에 냅다 던지고 반가움 푸는 눈인사 하다가 지난해 그렇게 집을 짓지 말라고 훼방을 놓았던 기억이 되살아나 미안한 마음이 쏠려 틈틈이 눈길로 제비집 방문 가는데 어미는 좁은 둥지 끝에 두발 겨우 올려놓고 새끼 쳐다보며 졸고 있으니 눈 깜짝할 새 떨어질라 조바심에 주시하던 나도 따라 잠깐 졸고 말았다. 내 미처 보지 못한 풍경도 졸고.

가족, 우리는 하나

하늘 아래
서로 보듬고 기대어
부족한 점 채워주며 사는 게 인생이지

삶의 무게 담긴 한 울타리 안
미운 정 고운 정
마음 끈 맞추는 인내의 힘

주신 십자가 질곡의 고통도
위로와 감사의 손길로
감싸 안은 저 둥근 침묵의 길

사랑으로 성가정을 채워주소서
항구한 염원의 기도에
축복 깃든 달콤한 보금자리

좁은 길

주인공 '오늘'은
센서sensor 가로등처럼

구속 아닌 구속
잠시 누웠던 바람으로 눈을 뜨고
자동에서 수동으로
수동에서 능동으로

알 수 없는 희미한 곳으로
사라지는 듯 돌아가는 듯
다시 일어나는 인내의 걸음
바람시계의 길

영혼 소리 따라
수척한 발걸음이 다할 때까지
성역을 향하는 빛 한줄기
고독한 사랑의 나그네길

은행 줍기

간밤 바람은 성글었어.
바다낚시처럼 때를 잘 맞추어야지
새벽 종소리 깨치고 어둠 속으로
자박자박 금빛나무로 다가가면
금싸라기 누런 은행
동전처럼 톡. 톡. 밝은 소리
열 손가락 사이에서 미끌미끌
미꾸라지처럼 걸려들지
쿡쿡 곰삭은 냄새 터져 나와
벌써 코 안이 간질거려
숨을 참아 내쉬며
알맹이 또 알맹이
탱글탱글 볶아
쫄깃하고 고소한 맛
송골송골 걸리는 소쿠리에
담기는 여명의 가을 하늘

남해안 기행

무언가 목마르면 남쪽바다로 가자
즈런즈런 바람결이 정답게 말을 거는
청정 빛 쪼아대는 깊고 푸른 숨결이여
아, 한바다 어머니의 담청요람 그리움이여

숭고한 충무공 영혼 빛이 스민 가슴 품
밀물썰물이 쌓는 투명한 시詩의 성城
지금 이대로 사랑하라 수놓는 노을에
눈물도 슬픔도 고깃배처럼 지나가리라

오억 오천만 년 캄브리아기* 역사 곁에
하얀 두루미 솔 향에 평온한 작은 섬들
눈부신 바닷새처럼 꿈꾸며 날아가 보자
굽이마다 건져내는 싱싱한 기쁨이여

*캄브리아기cambria紀 : 조류, 무척추동물이 급격하게 증가한 고생대의 첫 번째기.

다시 가는 만날재

마산시 월영동 산 160번지
감천골 가는 고갯마루에 앉아
되새겨보는 애틋한 전설

가난한 어머니 병 고치고자
반신불수 벙어리 남편 만나
참고 사랑하며 살던 나날

가혹한 시집살이 한 자락에
스무 살 청상과부가 된 설움
친정 안부 그리워, 어머니가 그리워

음력 팔월 열이렛날
한恨 된 그리움에
이심전심 얼싸안은 눈물겨운 만남

그 아름답고 순결한 마음
삶의 그림자에 새기고 올려
하늘에 닿는 사랑을 나누리라

시간의 언덕

호스피스 병상에
고개 숙인 꽃 한 송이 눈을 감고
두고 온 고향을 향하여
험한 차마고도茶馬古道를 간다

높고 좁고 낯선 길
꼭짓점 아래 웅크린 비탈길
초승달 바라보며
식은땀방울에 차오르는 호흡

어둠의 출발점으로
되돌아가기까지
시간은 얼마나 남은 건지
주어진 운명 위로
그 쌓이는 숱한 부정과 수용의 몸부림

처마 끝에 떨어지는
목말랐던 시간들
그 추락의 물그림자에
아 - 신의 사랑이 강림하기를

꽃메아리 · 6

결 고운 마음 따라 살다
천국 가신 어머니
고추꽃에 앉으셨다.

너무 맵지도 말고
싱겁지도 않으며
매사 적당하여라.

햇살 아래 하얗게
낮은 숨결에 미소 한 점 없어
빗질하듯 속삭이신다.

꽃메아리 · 7

호랑이발톱나무꽃을 만났습니다.
시계꽃 비파꽃도 만났습니다

저 아득함을 안고 피어나는
깊은 꽃술의 나직한 웃음이
아기의 순결한 몸짓인 줄 몰랐습니다

설움 한 알이 가슴에 박혀
거품으로 넘쳐흐르는 눈물인 줄 몰랐습니다

작은 언덕 골에서
귀 기울여도 듣지 못하던
어리석음을 흔드는
웃음과 울음을 들었습니다

꽃메아리 · 8

앞산 진달래 다시 돌아와
봄 쑥 기다리던 어머니를 부르네.

검버섯 저승꽃 쓰다듬으며
묵주를 안고 마음 창 닦던 어머니

"나는 포도나무요 너희는 가지로다
우리는 기뻐하며 주님의 집에 가리라"

화사한 연분홍 옷고름에 잔잔한 미소
찬미노래로 주님 말씀 전하네.

꽃메아리 · 9

갯바위에 핀 꽃 – 석화石花
누가 그 이름 붙였을까

오늘도
못다 한 사랑 바위 부둥켜안고
바람의 연필로 쓰는 거침없는 연서

가슴팍에 재워둔 돌의 노래는
잠재운 주름 몸 켜마다
파도 술잔에서 넘치네

말〔言〕을 삼키다

골짝마다 바람 치는 날
팔에 안긴 손자와 태극기를 바라본다.

파드닥파드닥 살아 있는 바람의 손과
엇갈린 악수를 나누고 포옹을 하는
영원 진리의 힘 앞에서
기쁨도 아픔도 순간의 몸짓이니라.

저항의 울음 들숨 날숨 사이에
저 숱한 움직임이 사라지는 불꽃으로
꼬리를 흔들고 일어나는 물음과 그 물음에
사는 것이 한줄기 바람흔적이니라.

몸부림으로 펄럭이는 마음 부림
차마 뱉지 못한 말들이
펄펄 끓는 가마솥을 삼킨다.

굴뚝새 사연

그녀가 태어나던 날 그녀는 죽었단다.

좁은 굴뚝 아구리에서 저녁연기 피어오르는데
뱀같이 길어서 꼬불꼬불한 골목 끝 대나무 숲에서
그 속 덤불 안에 숨은 듯 일부다처제
그들 모여 종알종알
날갯짓 파닥, 파드닥, 뽀스락
내 발자국 소리에 놀람의 깃털 꽁지까지 세워
눈망울 초롱초롱 스산한 바람처럼
그들만의 뜨끈한 사랑 지핀 아지트
바스락바스락 콩. 콩.
태어난 그녀가 죽고 다시 굴뚝새 그녀가 태어났단다.

그는 인공심장을 안고 먼 나라로 날아갔다.

무인지대

관계자 외 출입을 금함
현장소장 백.

부도난 매립지 철조망 테두리 안
무한정 갇힌 고요의 얼굴에
더 이상 금지를 믿지 않는
말쑥한 까치와 참새 떼
바람 흔적을 맡는 흙 묻은 삽살개
검은 비닐봉지가 이리저리 끌려 다니는
자유와 방랑의 깜짝파티 특설무대

철갑 두른 긴 목 두루미가
흙 갈아 먹는 날을 영원히 거부하는
저 하늘과 땅 사이 시위의 물살
쏜살같은 카멜레온
날뛰는 물질만능에 처절한 항거

관계자 외 출입 중
보이지 않는 끈이 즐비한 곳.

노인정 가는 길

멈추다 다시
또박또박 걸어가다
가게 앞에서 소주 한 잔만 주시오
담배 한 개비만 주시오
영감 잃은 순천띠기 시방 밥은 떠먹는가
호미야 곡괭이야 덥석덥석 집어 들던
새순 같은 옛 생각이 쭈뼛쭈뼛
밭두렁 봄바람처럼 날뛰어도
낡은 유모차에 기대어 애써 외면하고
시간 모르는 발걸음으로
말아둔 인생화보 펼치러 가는.

빼앗긴 청춘에 당당함도
꽃샘바람 겁먹어 엎드린 민들레처럼
시나브로 휴우 한숨 내뿜으며
바람 따라 옹기종기 모여드는 낙엽에게로
지나간 걱정도 소식도
버선발 맞댄 얇은 이불 속으로
희미한 발자국을 만나러
저문 햇살 한 점의 여정.

여린 영혼에게 축복 주시네

–첫 영성체식에서

Ⅰ.

귀엽고도 예쁜 열 살배기 아들, 딸아
오늘 주님께서 한 몸 이루자 부르시니
하얀 수단 갈아입고 두 손 곱게 합장하고
작은 입술 오물거리며 저 여기 있나이다.
촛불 밝혀 한 발자국씩 사뿐사뿐 나아가는구나.
순종의 작은 발걸음에 저 과꽃 같은 볼 향기
빛나는 눈동자, 검은머리 숙인 오롯한 마음
주님 흐뭇하여 웃으시네, 두 팔로 안으시네.
저 여린 선홍빛 영혼에게 축복 주시네
파스카의 신비로 천사 맞으시네.

Ⅱ.

어머니, 그토록 궁금한 예수님의 몸은 어떤 맛일까요?
잠 이루지 못한 지난밤
밤새 순결한 마음 비우느라 수척한 아들, 딸아
으음.
그건 달지도 않고 쓰지도 않으며
맵지도 않고 바로 거룩한 맛이지
날마다 새롭고 기쁜 새로운 삶의 거룩한 맛이지

Ⅲ.

예수님을 모시고 예수님과 하나 되어
예수님과 함께 착하게 살겠어요.
다짐하는 부드러운 영혼들에게
쏟아주시는 주님 사랑이여, 은총이여
작고 하얀 동전 밀떡 되어 오시나
빛 되어 가슴에서 말씀하시네.
－나 너를 사랑하니 너도 서로 사랑하여라－
거룩한 한 말씀 얹어 여린 영혼 축복 주시네
작은 꽃 천사들과 우리 모두 축복 가득
감사 노래 드리네, 찬미 노래 드리네.

세상의 한 끝에서

-대한보건진료원회 창립 28주년 기념 축시

풀 향기 피어나는 세상의 한 끝 오붓한 마을
어촌, 산촌에 벽오지 낙도에서
요람에서 무덤까지
새벽 열고 온밤을 새는 그대의 손길로
사랑이 옹골찬 건강지킴이 보건진료소

순박하고 연약한 마음 둘 곳 없는 이
감기몸살에 다리 아파 허리 아파
등 굽은 영혼 곁에서
뜨거운 눈물로 어둠을 밝혀
삼고* 등지고 꿋꿋하게 기도 바치며 걸어왔네.

사각거리는 세월의 발자국 28년
오늘도 고단한 시간이 대지의 숨결처럼 스미는데
아직도 잠들지 않은 수호천사
풀꽃 메아리로 낮게 내려와
투박한 손발 가슴상처를 눈감고도 어루만지네.

오- 아름다워라
오- 거룩하여라

평등 박애의 촛불 하나 앞세운 묵묵한 발길
그리움도 외로움도 아픔도 달래며
산그늘처럼 노을처럼 호젓이 보듬고 있네.

*삼고三苦 : 가난, 무지, 질병.

서둘지 말고 쉬지도 않으며

–한국가톨릭간호사협회 30주년 기념 축시

여기 한 그루
주님의 사랑나무 삼십 년 뿌리 뻗었습니다.

생명사랑의 종이 되라 하신
주님의 사명 보듬고 초심으로 걸어, 걸어왔습니다.

아픈 병상으로 다가간 손길은
지치지 않는 어머니 마음 바로 주님의 은총이었습니다.

오늘도 내일도 어제처럼 한 몸 한마음이 되어
고통의 언덕을 넘고 기도의 강을 건너
치유의 은총을 간구하는 수호천사가 되게 하십니다.

샘솟는 항구한 주님의 사랑으로
지금 이대로 서둘지 말고 쉬지도 않으며
한 걸음씩 한 걸음씩 나아가겠나이다.

여명의 햇살 아래
보는 것보다 보이지 않는 신비의 향기가
삶의 갈피마다 숨결마냥 젖어들게 하소서.

"우리는 주님의 자애를 영원히 노래하오리이다"(시편 89. 2-3)

걱정하지 마십시오. 힘내십시오!
사랑합니다! 우리가 곁에 있습니다!

평등 박애의 촛불 밝혀들고
한 송이 꽃 피우는 마음으로
눈물도 비켜가는 평화의 지킴이가 되리이다.

그리하여 더욱 뿌리 깊은 따뜻한 영혼으로
서둘지 말고 쉬지 않으며 살아 있는 제물이 되어
영원한 생명의 길에 함께 닿게 하소서.

봄, 꽃길에서

디카에 향기로운 사진 한 컷 찍고
엽서를 쓰는 2층 벚꽃 아줌마
연신 방글거리더니
휘파람에 푸짐한 웃음 푼다

아래층 멋쟁이 아가씨 배롱나무
간지러운 수줍음 사이로
백일 화살촉 불 밝히려다
아까운 눈썹 하나 떨어뜨리네

저기 얇은 새순 나뭇가지 속옷에
들뜬 마음이 훤하네.
산 그림자 슬슬 다가와서
소곤소곤 속삭이는 시간

발목 아래 그 도랑 물소리
팔짝 튀는 은근 풀벌레도
제법 사치스러운 등불 켜는
신비한 혁명의 찬란한 길목

미안하다

고추잠자리 맴도는 길가에 옥수수 스무 개 이천 원이요 목소리 하늘 창까지 높인 트럭에서 한 소쿠리 안고 오는데 발길 무거워 헌 신문지 넓게 펴놓고 껍질 벗기자 누런 속살 금 덩어리 눈부시다. 농부의 피땀은커녕 쉰 목소리 값이나 나올런지 검은 농부 얼굴 시름에 쓴맛이 돌아 하늘에 닿는 목소리에게 자꾸 미안하다.

책이 쌓인다. 다 읽어보지도 못한 책갈피의 그물. 비좁은 집에 이리 걸리고 저리 걸리니 결국 빈 박스에 넣고 넣어 버리려다 차마 못 버리고 가져와 다시 풀어 놓고 다시 묶어 가져가는 내 손목도 마음도 다, 다 미안하다.

제2부 문신 미술관

문신 미술관

-청동과 목각의 성城

무학산 해마루 자락
추산동 언덕배기에
오롯한
혼魂의 숨결에 눈부신
한점 또 한점

우주를 향한
하얀 가슴에
꿈틀대는 저마다의
날갯짓
푸르고 깊은 생명선

세계의 거장 그 성城은
이 순간도
영원할 빛살의 축제여라

국립마산 묘지에서

옷깃 여민다.

제단 가슴에서
살아서
파닥이는
핏빛 자유의 불꽃 앞에서

정의를 쏘아 올린 탑에서

거룩한 피 지켜온 등불 앞에서

숭고한 영혼에 뜨거운
그 엄숙한 역사의 혈흔 앞에서

다시 여민다.

가고파 국화 축제에 가면

꿈 실은 항구 마산시 돝섬에 닿아
가고파 국화 축제 꽃탑마루에 가면
천년의 파도 팡파르 넘실대는
쪽빛 바다에 오색 꽃섬이 산다네

사방팔방 웃음천사 손에 손잡고
드높은 하늘 호수까지 그윽한 향기
해풍 따라 흔들리는 빛다발에 눈부셔
괭이갈매기도 설레며 춤춘다네

가고파 오고파 꽃길 사이사이
너울거리는 소맷부리 꿈결인 듯
사랑의 미소마다 경이로운 꽃메아리
투명한 울림이 영혼까지 스며든다네.

불종거리

만남의 꿈을 벼리고
진솔한 시간을 기다리던
줄다리기 첫 사랑의 긴 그림자

오래된 빵집 희미한 추억도
젊은 낭만의 건널목을 거닐던
희망찬 자유의 목소리

가슴마다 파고들던 예향의 맥박은
민주 성지 범종 귓바퀴 돌아
유구한 마산 예지의 혼불로 올라

저기 은빛 불종 터널 괭이갈매기
십장 날개의 깃발 아래 사물가락
덩실덩실 흥겨운 농청놀이*

*농청놀이 : 삼한시대 '두레'에서 유래되어 백중날을 맞아 소문난 상투바위에서 농청기를 앞세우고 산신제와 용왕제를 지내는 놀이.

목각화木刻畵의 노래

남국의 야자수 꼭대기
움막 보금자리 원주민
애수의 눈빛으로 전하던 말

'자신을 버리는 사람은
 영원히 살 것이다'

햇살에 걸린 거미줄 그네
기도하는 이방인 귀에
또 다른 낯선 바람의 말은

'이해하는 것이 오해하는 것이다'

등대 빛을 찾는 그대
벽에 걸린 채로
잠든 영혼이여 거품처럼 일어나라

수정천*은 안다

주먹 쥐고 억울한 가슴 친다
살다가 이런 일도 당하는구나
땅 일구는 사람이 무슨 죄 있더냐.
거짓말하는 더러운 돈이 죄지
얄궂은 운명아
지랄 같은 이 심사
애통한 가슴 열어젖혀
막무가내 쏟아내는 울음 부수어
쓸리는 잔물결에
고개 숙여 끌려가는 한숨
올망졸망 개망초 꽃잎에
떠난 목숨이 흔들려
붉은 강 앞에 쏟는 숨소리
아수라장으로 뒤집혀진 벌집에도
살아 있는 물길에
에 라 저 탱탱한 혈관으로
굽이굽이 후리치며
철렁거리는 발걸음걸음을.

*수정천 : 마산시 구산면의 지방 2급 하천.

춘곤증에게

기꺼이 졸아주마

전신의 기운이
그대 삼투압으로
빠져나간다면

손바닥에도 양면이 있어
몸속에서 서로 버티는 마음 사이에
그림처럼 선명한 벽이 가로막아
그 공존의 둘레를 기웃거리다간
위선의 마법에 걸리기 딱 십상이야

멀건 눈을 뜨고
어디선가 들리는
현실도피의 순간 유혹
저기 구름다리 잠시 건너나 볼까

딱 1분이면 되겠지?

수수꽃다리

살랑살랑 바람에 꼬리를 달고
환상적인 몸놀림
손바닥 위로 아래로 옆으로 재빠른 연출
마음 소리 감으며
티끌 하나 남의 것 지니지 않고
주시면 입고 떨어뜨리며 벗어
생혼*의 빛 무리
꼼지락꼼지락 끝없는 환생의 길에
흔들리는 자유의 외침으로
움돋는 넋의 경쾌한 선율은
찰랑찰랑 흔드는 머리칼
눈부신 오월의 셔레이드*

*생혼生魂 : 식물이 살아가는 근본적인 힘.
*charade : 대사나 심리를 대변하는 몸짓.

시선視線에 머물다
-어린 예수

루브르박물관 관람 중
레오나르도 다빈치의
'어린 소년의 시선' 그림 앞에 서다

성모님의 등 뒤에 앉아서
인자로이 바라보는 성녀 안나의 눈길과
어린 예수를 지켜보는
동정 성모 마리아의 무한한 눈빛과
어린 양을 쓰다듬는
순수 무구한 소년 예수의 시선

서로의 갈 길을 잃지 않는
삼위일체 사랑 머무는
봉헌과 진리의 천사 빛이
놀랍게 넘쳐나는
저 영원하신 구원
거룩한 예언의 그 시선에 멈추어.

자연으로 돌아가자

사랑하는 님이여!
비 오면 보리 볶고 밀과 콩 볶아 먹던
그 시절 그리워
해 지면 바람 닫아 잠들고
해 뜨면 일어나 새벽부름 들으며
바람과 참새를 맞이하던
그때로 돌아가자
목마르면 쪽바가지로 물마시고
배고프면 누룽지까지 긁어먹던
그 시절 그리워
아랫도리 내놓고 도랑 치며 멱 감으며
웃음소리 이리저리 물벼락 치던
소박한 그때를 위하여
우리 지금 자연으로 돌아가자
이 땅 살리는 일
마음 부르는 길로 돌아가자 돌아가

폐교에서

–어떤 동경憧憬

바닷바람만 드나드는
폐교 운동장은 따스한 체온이 그립다

그때 특진 결과
병명은 경쟁심 부족으로 인한
성적부진아 만듦이었지
빨리빨리 배우고
빨리빨리 행동하고 많이많이 알아서
덩치 큰 목표를 향하려면
달려야만 한다고 채찍을 가했지

경제 논리에
문화 논리와 꿈의 논리는
숨소리조차 내지 못하고 소리 없이 울었다

쇠잔한 흙바람은
아직도 천진한 아이들이 그립다
눈망울이 그립다
알사탕 같은 이야기 그립다.

노천탕에서

온천물에 몸 담그고 고개를 들어보니 하늘에 흰 구름이 솜이불처럼 뭉쳐진 큰 두 눈을 달고 나를 똑바로 내려다보고 스르륵 훑고 지나가더니 벽 쪽 훤칠한 메타세쿼이아 나뭇가지 수만 개 잎들은 푸른 실눈으로 더욱 나체를 빤히 들여다봐 구름과 저 나무는 날마다 여탕의 수많은 알몸을 직시하며 실실이 엉킨 여인의 마음까지 꿰뚫을까……

사립문에 기대어

–정지용 생가에서

어린 꿈 숲 돌아온 휘파람 발걸음에
돋은 별*로 달려온 설렘이
초가 토담에 짚 이불 덮은
모서리 두 문짝에 기대다

어찌 잊으리, 차마 꿈엔들 잊으리
생의 울타리 어머님의 품속에서
빛과 소리의 희망과 눈물은
그림자처럼 흔들리지 않았다

휘돌아 나가는 실개천 둔덕
오월 끝 모퉁이에 달무리 두른
민들레 한 송이 뽀얀 홀씨
만삭의 몸을 푸려 한다

한 마리 나비 되어
나만의 햇살과
구름 후려
사립문 안으로 향수를 불러

문고리 당겨 거슬러
그 체취 방바닥에 남아
파삭파삭 내 가슴에 유유히 드나들다
부채질로 사르르 눈 감는 사립문

*돋은 별 : 새벽녘 처음으로 솟아오르는 샛별.

녹색 이야기

그날 우포늪을 마주하고 서니
아이고, 깜짝이야
청개구리 폴짝 공중으로 나를 유혹해
홍옥 사과 뺨, 붉은 입술로
그의 밀실로 나를 유인해

미래가 걸린 아름다운 세상
소슬 빛살 환한 얼굴에
정교한 저 힘
평화의 화살은 시간 늪을 거슬러

생이가래 숲 위아래 망설이지 말고
이리저리 가슴 안고 눈 감아
말없이 사랑하라
자유의 몸짓 비취색 맥박 쏟기로 한다.
푸른 우주를 위하여.

달걀을 삶다가

어릴 적 단 한번에 그릴 수 없던 곡선의 신비는 냄비 물속에 잠겨 레오나르도 다빈치의 내시경 소묘에 또다시 부풀리고 얽히고설키어 부글부글 노른자 해부의 기교를 넘고 넘다 어디선가 들려오는 생생한 박동소리 사방팔방 절정으로 갇히어 서서히 굳어가는 단백질 5분간 곡선과 곡선의 사이 수많은 상념 거품에 빠지고 닭 한 마리 죽었다.

그대, 독도여

삼천리금수강산 이 땅의 동쪽 끝
그대 곁에 7천만 한민족이
함께하나니 외롭다 말라

펄럭이는 태극기 세월의 숲에서
삼봉도, 우산도, 가지도라 불리어
동도 가슴에는 한국령 글씨가 새겨져 있다

서도에 식목지, 동도에 천장굴
그대를 지켜온 이들의 식량, 식수를 수송하는
접안시설, 경비초소가 엄연하다

1954년 8월 15일 등대의 점등에서
꺼지지 않는 한민족 삶의 불씨
동해 바다는 길 잃지 않았다

혼 돈

온 국민이 서로 손잡고 살자는 호미곶 상생의 손을 만나려고 동해안 포항에 가서 하룻밤 쉬려는데 모텔의 창밖으로 찬란한 자유의 여신상호텔, 에펠탑, 킹덤, 제노바, 뉴욕…… 세계의 현란한 도시가 한곳에 다 모여 모세혈관 같은 미로의 세계가 한눈에 어른거려 지구촌의 화려한 미팅이다. 현란한 바람이 꺾이는 건물 모서리에 버려진 소주병 하나 제 설움에 뒹굴며 울고 있어 촌사람 기죽이는 운명의 곡선과 사선 사이 일렁이는 현기증 그날밤 날개 돋친 채 걸음마도 못하는 지구촌의 밀랍 인형이 되었다.

별

미안하다 사랑한다
쌓은 탑 아득히
홀로 한 점
억겁 시간 멈추어
그림자도 없이 태어나
흔들리는 살빛
영혼 뜰에 그윽한
눈을 감을 때
다가오는 알몸

제3부 01과 02 사이

01과 02 사이

안골 베트남 새댁
첫아기 배꼽 떨어질 때

지심地心의 끈 꼿꼿한 엄동설한
칼바람 견디다
바짝 마른 강아지풀
한순간 꺾인.

아랫담 어르신
저승 향한 순명順命의 시간
입술의 맥
시린 콧등 아래 멈춘.

찰나刹那는 빛살처럼

무덤이 없다

벌레잡이 식물 네펜테스nepenthes

잎 끝 뚜껑 달린
길쭉한 꽃 주머니 통으로
어물쩍 들어간 곤충
그 통속 꿀
매끄러운 포충낭 안벽에 갇혀
처절한 생명의 몸부림마저
순간의 흔적도 없이 사라지다

입만 붉다

미더덕 까기*

잔뜩 겁먹은
그녀의 탱탱한 가슴 붙잡고
창호지 같이 얇은 살갗에
모른 척 예리한 칼날 갖다대다
쨍. 아이쿠.
실핏줄 건드렸다
칭얼대는 그녀
내 가슴 찌릿.
다시…… 쿡. 터져버렸다
미안, 미안,
완전 왕 초보

*마산시 진동면 요장리 미더덕 구판장에서.

견인지역

아직 갈 길 먼데
순식간에 아우성 없는 감금
손발 묶여 실려 가도
뛰는 맥박

산소마스크에 구멍마다 투명관
꼼짝없이 걸려든 치밀한 거미줄에
몸부림도 거부당한 싸늘한 고철 살점
인정도 눈물도 없는 함정

중환자실 ICU*
얼어버린
자유 정지된 겨울 나그네

*ICU: intensive care unit

발바닥으로 춤추다

희한하다
눈빛 맑은 은사시나무
수천만 개 손 흔들더니
저녁 무렵엔 걷기 시작이다
바람이 바퀴를 달고 다가가
발등 뒤집어 춤추면
전신은 하얀 꽃 기둥

세상 모든 것 멀리서 봐야
아름다운 것을 그도 아는지
다가오지 않아
제자리걸음, 걸음은
무초蕪草의 환호성
은빛왕국 발바닥 춤사위
멋지다

내원사 계곡

천성산 자락
발가락 끝 골마다
시퍼런 핏줄에 서늘한 등줄기

팔분음표 붉나무 살점 하나
미련 없이 배꼽 잡고 뒹굴자
쌩쌩 변신하는 옥빛 물살

너럭바위 쓰다듬고
물구나무로 서다가
황홀한 하얀 치마 속으로

넋 놓고 따라간다
순수한 골짝 가슴 품이
이토록 정신 번쩍번쩍 싱싱할 줄을.

회 상

문학기행차 목포에 와
피멍 묻고도 초연한 삼학도를 바라보네

눈앞으로 당겨보는 십사 세 소녀시절
이곳 소녀와 펜팔 할 때
바다 사랑으로 사는 사람들과
백화 영혼의 이야기가 수년 편지 품에 오갔네

소녀의 사진을 받던 날
키 크고 예쁜 그녀에 비해
그저 그렇게 생긴 내 모습이 부끄러워
그만 목포 소식줄을 놓았네

지천명 나이에
지금은 어디서 살고 있을까
유달산 자락에 서서
이름조차 잊은 그녀의 안부를 물으니
신시가지 목포 해안을 아작이는 파도가
만나지 못한 아픈 흔적 거두고
빈 가슴에다 입암반조*를 안기네

*笠岩返照 : 목포 팔경, 갓바위에 드리운 저녁노을.

참새, 전깃줄에서

햇살 앉은 전깃줄에
한 줄로 주르르 걸린
참새네 식구들
반질반질 재빠른 몸짓으로
시시콜콜 앙증맞은
소리잔치를 열다가
진동하는 농약냄새에
전설의 메뚜기
딱정벌레는 어디 없나
줄어든 식솔 양쪽 옆줄 허전해
턱 밑 귀 깃 뒤쪽 흑갈색 등 쪽으로
좌우 서너 번 젓다가
옆구리 연한 황갈색 품으로
고개 두어 번 끄덕이다
대문이 없어 집수리도 않는
넉넉한 마음자리 할매 마당에 갈까
석양빛에 기우는
미루나무 둥지에나 갈까

어떤 주인공

최한동 화백의 그림에서 빨갛게 익어 오밀조밀 풍성하게 달린 들 찔레 열매를 바라보며 입 벌린 까치가 설경에 밥을 잊고 넋을 잃은 듯한 그 감상에 겨운 까치가 되어 이리저리 날다가 쌓인 하얀 눈 밥에 빨간 색을 찍어 먹다가 또 다른 그림 '어쩐지…… 봄바람'에서 흥미로움이 까치밥만큼 붉어져 짧은 치마 유년시절 추억 속의 미완성 소꿉놀이하다가 그림 마당의 행복 맛을 다시 보는 추상 속의 주인공은 다름 아닌 일인칭.

바다와 노을 · 2

서산의 황홀한 혼魂불은
어둠 오기 직전
취한 얼굴로 손바닥 한번
쓰윽 스치듯 사라지지만

깊은 그림자 깔고 누운 푸른 육신
그 핏빛 꽃불 순간의 사랑을
마음 강에 품고
껴안아도 안아도 달아나고 말아
파르르 솟구치는 저 물결의 눈시울

심중의 뜰 산호초마저 검다
시간의 성城에 고인 붉은 포도주
마침내 터져 나와
하나… 둘… 별빛 되어
하늘 호수에 꽂힌다

혼魂불의 귀향인가
하늘빛의 부활인가

호수 속에 잠든 호수

–합천 보조댐 풍경

비 개인 새벽하늘에
호수 속에 안긴 호수는
물안개 속치마 겹 두르고
안식 한점 베고 누웠다

한줄기 햇살에 꽃망울 터져도
눈뜬 백로 깃털 세워도
고추잠자리 눈동자 굴려도
적막강산 오로지 그림자 꿈속

잠꼬대는 물빛 숨결
깊고도 고요한 세상
수면 위에 피워 올린
평화 한 송이

지금 등꽃은

봄빛 세상으로
청초한 언어 터뜨리며
한 뼘씩 걸어 나오는 중

오 – 호, 유리 창문마다 닫힌 밀실
포근한 인큐베이터에서
줄기세포 눈을 뜨나 움찔움찔

얇은 숨소리 향기 젖은 볼에
꽃망울 수줍음이 나풀거려
주먹 쥔 손가락 꼼지락 꼼지락

주저리주저리
연보라 꽃등에 쏘옥 머리 박고
엉덩이 곤두세워
파드르 들랑거리는 꿀벌의
비명 듣는다.

도톰보리에서

-일본 기행 · 1

오사카의 늦은 저녁
불빛 휘황한 밤
도톰보리* 거리를 거닐다가
우연히 바라본 오락실에
백발노인이 마우스를 잡고 앉아 있었다
관광 세 시간 후에도
홀로 그대로
담쟁이 같이 붙어 있는데
설렁한 손가락 마디에서
찬 바람이 돌고
옆구리가 허전하다
따뜻한 혈육이 그립다, 그립다
무언의 절규 같더니

어느 날 그는 그 자리에서 숨을 거두었다는 TV의 뉴스.

*도톰보리 : 유행과 패션의 거리로 오사카를 상징하는 거대한 거리. 일본의 음식점과 술집, 오락실, 극장 등이 즐비한 곳.

교토, 금각사

–일본 기행 · 2

분출을 꿈꾸며

수려한 금빛 화살은
소리 없는 고해마저
다가갈 수 없는
영혼의 빛으로 서서

잠들지 않는
나르시스의 눈부심에
비상하지 못하는 혼령처럼
빛의 반란은 박제된 운명인가

꿈틀거리는 불멸의 고독에
번쩍 용솟음의 밤
연못 속에 푹 빠진 또 하나의
복제된 몸뚱이

고요를 꽂은 채 우뚝 서 있다.

성 베드로 성전에 닿아

바티칸시국 관광도 치열하다

세계에서 몰려든 성지 순례단에 끼어
두 팔 벌린 놀람의 성벽을 따라
줄지어 늘어진 기대와 설렘을
적벽돌 틈새에 핀 아가雅歌가 달래준다
네로 황제 때 스피나 경기장에서
순교자 공동묘지로
콘스탄티누스 시대 대성당으로
약탈과 함락과 보수와 축조와
방치와 붕괴와 재건과 확장
엇갈리며 흐르고 달리는 역사의 바퀴 소리
이방인의 미세한 더듬이 하나

시방 촉수 세워 굴러가고 있다.

인장을 찍다

-카프리 섬

소렌토에서 마리나그란데 항구에 발 도장을 찍었지
섬 순례 버스를 타고 좁고 가파른 신비의 절경에 빠졌어
휴양의 섬 케이블카는 두둥실 구름이데
그에 실려 꽃의 낙원 아우구스토 공원 아래로 수없는
키스를 보냈지
아예 공중에다 내 입술 도장을 맡긴 거야
몬테솔로에서 내려다보는
섬의 자태는 황홀의 강물이었어
군데군데 오래오래 기억창고에서 살아다오
눈도장을 찍고, 찍고
숨바꼭질 하고픈 푸른 동굴을 향하여
아쉬운 이별의 손도장을 찍었어.
시간인주가 닳기까지.

경남문학관에서

앞만 보고 층층 계단 딛고 오르니
문학관은 배 한 척으로 환생하네

진해시 장복산 무릎에서 허리까지
출렁이는 푸른 잎 파도자락에
막 시동 걸고 키를 잡는 옻나무
붉은 돛대 우뚝 눈부시다

문향으로 젖어든 벌렁 가슴
시름도 하늘하늘 구름 위에 띄우네.
저기 저쪽
이름모를 작은 섬들도
아득하니 밝으라니 노을 한잔 하셨나 보다.

제4부 진료소에서

우울증 귀하

–진료소에서 · 90

소리 없는 눈물 방에 홀로
쓸쓸한 그대

억누른 어둠의 벽을 치고 박고
두드려도 열리지 않아
무서워 몸부림치다 야윈 섬 그대

웅크린 마음 골방에서
상傷한 날개로 찢겨진 상처더미에
솟아오른 절망의 독버섯 그대

그대 영혼에게
웃음 피어나는 약을 드릴게요.

기타 소리 딩글댕글딩글
사랑의 종을 흔들어
환희의 날개를 펴 주십시오

한 세상 나부끼며 노래하는
기쁨의 순례자로.

소양증 귀하

－진료소에서 · 89

윗마을 독거어르신
가슴앓이 외로움이 스멀스멀 기어 나와
살갗에 비늘로 앉았습니까.

절룩이며 기어 나오는 그리움도
손가락 끝 마디마디에서
까칠한 거스러미로 피어납니까.

염라대왕님이시여
저승사자시여
부디 자는 잠에 데려가주시오

아픔도 모자라
간지러운 친구를 보내셨지만
피고 지는 꽃처럼 바람결에 오르게 하소서.

시락리를 아시나요

–진료소에서 · 88

경남 마산시 진전면
시락리를 아시나요?

도시락에 '도' 자 빼고
꼬시락에 '꼬' 자 빼고
시락국에 '국' 자 빼고
거꾸로 하면 낚시가 되는
싱싱 고소 초록 꿈 소담한 횟집 동네랍니다.

수돗물 꼭지라도 틀면
따끈한 시락국이 철철 나올 것 같은
해초들 틈에서 인정이 뿌리 깊은 갯마을

청자빛 하늘바다 부서지는 비늘구슬
등딱지에 노을 진 달랑게 곁에 삿갓조개 소라고둥
가고파 돋을무늬 펴져가는 연가戀歌

시락리에 한번 오시지요
접어둔 굴 껍질 숨결 이야기도 드리지요.

반딧불이를 만났습니다

－진료소에서 · 87

꽁지에 연둣빛 꽃불 웃음 달고
꺼질 듯 꺼질 듯 시심詩心을 밝히고
시락리* 해변 언덕을 누비며
누굴 찾나

그리워 그리워 향수에 젖어
벙어리 가슴 활짝 펴고
마을 어르신 아픈 허리 만나면
불꽃 침 뜸 꽂아주고
슬픔 만나면 마음 길 밝혀주시게

사는 날까지 평온하시라
소망하는 기도처럼
날아가는 언덕 발자국마다
염원 길에 피워주시게

*시락리 : 마산시 진전면 시락리

관절통 귀하

–진료소에서 · 86

당신은
발목을 묶는
방 한 칸 덫이군요.

천년이라도 살것다
큰소리 뻥뻥 치던 푸른 청춘
시간화살 질곡 스쳐
닳은 세월의 불청객

머리칼 희끗 가슴 억누르고
일그러진 연골 방은
삼신할매 물리친
저승할미 숨은 갈퀴로 다가와

하얗게 타는
불 덤불이군요.

나이를 깎아주세요

– 진료소에서 · 85

할인매장에서
물건값 반으로 툭 자르듯
내 나이도 깎아주세요

청춘을 돌려달라는
노래 가사처럼
나의 지난 시간을 돌려주세요.

패인 주름살 거두고
못다 한 꿈의 빈잔 다시 채우게요
전능하신 천지신명님

나이를 못 깎아주신다면
왔던 길 돌아가게
시간을 뒤로 돌려주시면 안 될까요?

분 꽃

–진료소에서 · 84

배유胚乳의 영근 씨앗 까만 통에서
가득
분가루가 나오지

나 젊었을 적 동네 처녀들
뜰아랫방에 모여
분가루에 뽀얗게 찍고 바른 얼굴
달님에게 다가가
성근 하늘 별 창마다 소원 빌었지.

이제와 쓰다듬는 백발에
되살아나는 칠보七寶 단장
푸른 청춘 입술 지우고
세월의 구술을 듣는
뜨거운 환상에 피고 또 피고.

단심丹心

-진료소에서 · 83

현관 귀퉁이에 살빛 지팡이

그제는 아픈 관절 따라왔다
어제는 굽은 척추 지탱했다

어머니의 어머니
날마다 피던 외로움을
하늘 섭리에 기대어
막 삼킨 목울대는 뜨거운 심장

문 밖 머리맡에서
마지막 날 새길 무늬 하나
기다리는 새벽의 황홀한 눈물로
꽃씨를 받는

가르마 같이 곧다.

더듬이

– 진료소에서 · 82

마음과 마음 사이로
머뭇거리는 두 갈래 촉수

어둠속 혼 불 밝혀
건너는 일상의 구름다리

거친 세상 부딪히며
시선 곧게 뻗는 마음 길

시간의 숲

– 진료소에서 · 81

누구의 입김인가
가던 길 지금 멈추라 한다
쫓기는 시곗바늘에
보이지 않는 허공의 심장이
눈물을 뽑으며 녹아내린다

의식과 무의식의 길목에서
흑백의 되물음을 안고
시뻘건 강물 같은 신호등 아래
무수히 흔들리던 시간나무들은
가난한 고요를 품고 숨바꼭질이다

시각의 발자국들은 사라진 별빛으로
바람의 몸짓으로
신神의 징검다리를 향하여
한줌 가루로
숲의 그림자에 엎드릴 것이다

얼음꽃 · 1

–진료소에서 · 80

봄 사월에 만난 우리 사랑
당신은 내 작은 가슴 벽 속
유리창 떠들썩팔랑나비
언제나 마음 창을 두드렸지
개구리 참외밭 그 발자국
유채 꽃 웃음이 당신 모습 같아
다가가 다시 안아보네
마음발길 머물고 바친 꽃물
열 달 배 아린 핏덩이 쏟고
그렇게 홀연히 가려는가.

제발 가지 마오.
아기들과 나를 잊지 마오
꽃물 어린 내 사랑아
노란 볼에 쌓인 그리움
다문 입술 위에 겹겹 접어 두건만
석 달을 채워도 깨어나지 않는 당신을 어찌하랴
저 까만 눈만 뜨면 될 텐데
흔들어도 울어 봐도 소용이 없네.
당신은 꽁꽁 언 한 송이.

얼음꽃 · 11

-진료소에서 · 79

가파른 시간 체온 급강하
기웃대는 창 밖 희미한 어머니
외아들 가슴뼈 가르고 들어간
무영등에 팔딱이는 염원

불 꺼진 시간 창고에
퍽 쏟아진 어린 기억들
성냥불 지펴 더듬다 잡힌
가슴팍에 멍든 젖 향기

흙 그림자 빙옥의 정점에서
거부당한 탄생의 종소리
가시바늘에 맴돌다
승천하는 검붉은 고통

얼음꽃 · 111

– 진료소에서 · 78

꿈에도 없었다

수술실이 만든 복부의 장루는
천장 위에 뜬 창문
막을 수도 나갈 수도 없는 나의 문
백색 빛 무리 부라리며 쏟아지는 밤
수없는 독백의 계단을 되밟으며
검은머리 파뿌리로 살리라던
그 굳은 언약 지우고 지우는

못다 한 삶 자락 뒤적이다
홀로 갇힌 병실 마음 둘 곳 없어
오늘이 며칠인가 가련한 심중 텅 빈자리에
미안해요, 사랑해요, 내 몫까지 살아주오
붉은 피 방울방울 자국 남기고
붓고 쓰리고 따가운 살갗
이 순간 똥통 없이 이리저리 뒹구는
그 흔한 자유를 송두리째 앗아간 몰골
시간 언덕에 핀 눈물꽃

역설逆說

–진료소에서 · 77

오늘밤 기도 중에 그를 기억한다.

어설픈 외다리 상체를 안고
겨드랑에 꽉 낀 막대 꼿꼿이 세워
'당기세요' 를
한사코 밀고 들어서는 몸부림의 뒷걸음질

구속의 또 다른 짐을 끌고
충혈의 시름도 숨 가쁜 시간
손목에 감긴 쇠한 기력을
발끝에 뿌리며

긴 한숨이
재빠르게 오르는 계단
패 • 러 • 독 • 스paradox 출구

칡꽃을 만났습니다

– 진료소에서 · 76

산 오솔길에서
언덕배기까지
흐르지 않는 푸른 강물
끈끈한 잎사귀 문을 따고
더 높은 하늘로
봉긋 솟은 갈화葛花

깊은 옹달샘
그 속마음 거울에서
백발수염 발자국까지
시간 속을 헤엄쳐 달려와
아랫목에 영원 한 점 흔드는
이별의 탑 세운 님을 만났습니다.

감기 귀하
–진료소에서 · 75

고마워요
암이 아니어서 고마워요
일년이 낙엽 한 장에 달렸다 하더니
내 인생도 걸려 있어요

중동 가서 벌어온 재산
하루아침에 몽땅 날아간
쓰라린 기억조차 늙어도
소식이 살아 있고
살아 있어 고마운 우리 오메

고마워요
암이 아니어서 고마워요

가난한 실꾸리*

–진료소에서 · 74

지팡이도 외로운 독거 할머니
대기실에서 유년의 친구 만나
투박한 손 맞잡자 관절통 잊고
묵정밭 가슴 사연 입술로 푼다

그때 그 시절
아랫담에 살던 머시기는 스무 살 적에
어디 가서 뭐하다가 무얼 하였고
거시기의 아들 딸 어찌 어찌되었고
지금 어디 사는지 나도 몰라
진동띠기 이러쿵저러쿵 그러다가 죽게 되었지.
거침없이 풀리는 슬프고도 아련한 이야기
그 중에 누구인가
일류대학 나와서 출세가도 달리는
번쩍이는 금실 가닥 한 줄도 없다
오로지 두루 뭉실
이름도 없는 무명실꾸리

*실꾸리 : 둥그렇게 감아놓은 실몽당이.

벼꽃을 보았습니다

– 진료소에서 · 73

어린 묘 이앙 마친 첫 아침부터 양달 어르신 날마다 논둑에 발자국 도장 찍으러 가셨습니다. 발자국 소리에 벼포기 푸른 가지 점점 우거지고 훤하던 골이 비좁을 때. 아하…… 이삭 터진 출수 하얀 암술머리 수줍고 앙증맞은 여섯 수술 작은 꽃가루주머니 바람결 입김에 사르르 기대더니 제 꽃가루 받아 껍질 닫고 몽실몽실 살 오르는 듯 결실의 눈웃음 어르신 하얀 밥 사랑 한술 피었습니다.

그 남자네 냉장고

–진료소에서 · 72

존재의 하얀 자화상

아직도 살아 있다는 표적
파닥이는 서설絮說을 닫고
의족에 넘어진 웰빙의 문
홀아비 눈으로 열리는 반찬통
된장 항아리 깻잎이 졸고
밑반찬 시어빠진 김치 뚜껑에
마른 고추 가루는 능청스레 붉다.

동거 식구 검은 강아지
복실이 밥은 한가운데 차지
서리 맞은 멸치볶음
농담도 유머도 잠긴 공간
잠들지 못하고 윙… 뚝…

꿈꾸는 웰 다잉dying

여름, 독상獨床

－진료소에서 · 71

할멈 암癌에 불려 간 뒤
휘청이는 배고픔마다
설움에 가슴에 박히는 가시 한마디
사는 게 죄여.

독거노인 딱지 한줄 지푸라기처럼
훅 불어 날려 보낼 수는 없나
관절장애 얹은 마른자리에
다시 떠 삼키는 죄목

떠내려간 풋고추 사랑 씹어 삼키는
너울 쓴 그리움에 고독한 동행은
앞마당 원추리 각시꽃 눈물
노을에 두 번 젓는 눈물 밥상

소나기

– 진료소에서 · 70

얻어맞아도 싸지

스물다섯 해
살점 닿아 살아온 며느리 두고
낯선 여자랑 눈 맞아 달아난
아들 둔 죄

미궁 낯짝에 밥 얻어먹나
콱 막힌 가슴에다
슬픈 밤을 사로잡는 죄

기운 다 빠진 이 내 신세
불치는 천둥으로
감자 꽃은 서러워도 피더라

수천수만 마리 개구리
그 지독한 울음으로
한곳에 퍼부어라

인 권

–진료소에서 · 69

여덟 살, 아홉 살 초등생 친구 생일잔치 가는 하굣길에서 손목과 눈을 자른 건 덤프트럭이라 했지. 아니다 끝없는 고통보다 차라리 목숨 댕강 베는 것이 낫다는 성질 급한 젊은 기사양반 뒷걸음친 비양심은 인간 실험? 아이쿠. 동작 그만. 엉망진창. 절망에 절망. 그 어린 생명 끈. 할 말이 없네. 말문이 막히네. 눈물도 안 나와. 오, 하늘이시여. 세상 사람들이 부르짖는 상생相生이여. 현장에서 심장 잃은 순간 양심. 그 죄를 다 어찌하나 운명의 사각지대 장애 위에 짧은 목숨 끈에 길고 긴 슬픔만이 뒹굴어.

소 식

– 진료소에서 · 68

비야 오지 마라
영감 발길 무거울라
그 옛날 울고 간 두부장수 이야길
어제처럼 소곤대는 텃밭 콩잎
그치지 않는 속울음은
엄청난 눈물탱크

새벽잠에 훌쩍 떠난 영감
이승 사는 내 걱정 안 하나
꿈에라도 보고 싶은데
영감 없는 세상 등대 없는 항구라고
첫제사 내일인데 한 번도 안 보여

밤마다 사진을 들고
무정타 어찌 한 번도 안 보이나 푸념 들었는지
친구 꿈에 나타나
검은 머리에 줄 세운 바지 입어 멋지더라네
잘 있다니 고맙소
저승에도 염색하는 것 있던가베
제발 내 꿈길에서도 만나주오
곳간엔 곶감 하얀 가루 내리는데

입원실 목마

－진료소에서 · 67

나 그만 집에 갈껴
오마니, 제발 어제 그 몸이 아니랑께요.
아녀, 이것만 빼주면 나 걷는당께
팔에 꽂힌 흰 고무줄 두개 그곳에도 하나.
감옥살이 더 이상 못한당께 나 갈껴.
단숨에 헛간에도 다녀올 듯
한사코 뻔한 어제 그 마음

흠뻑 내려주신 비에 모내기하니
날 새면 논두렁에 가봐야지
어린것들은 손끝에서 살려야지
고것이 내 손끝 정성을 아는거여
제자리서 물 잘 먹나
내 두 다리가 가서 알아봐야제
하얀 입원실 눈앞에 문이 다가온다.

갈껴…… 갈껴……
끈끈한 마음을 고래 심줄로 당긴다.

고추 한 포기

–진료소에서 · 66

피었다
내 어머니 손수건에
수놓였던 그 하얀 날개 꽃

긴 꼬챙이에 허리 묶이고
바람 눈물 맺어 흔적 없을 한 생애
의연한 등줄가지에

탱글탱글 교통사고 그 매운맛
시댁에서 쫓겨 와 길가에 앉은 헛소리
그 많은 꽃 누가 다 가져가

반란의 텃밭에서 중얼중얼
고추 한 포기 매운 꽃
고개 숙인 슬픔으로.

에어컨에 절하다

－진료소에서 · 65

이글거리는 태양이 머리 꼭대기까지 내려와 머리카락 지글지글 볶아 대고 살갗이 톡톡… 붉은 열점이 솟아 거미줄 찌익 찌익 달라붙는 이놈의 미친 불화살. 땡볕에 땡벌 침. 사람 잡는 땡고추다. 와이리 덥노. 헉헉 숨 차오른 아픈 다리 질질 예까지 들어서니 아이구나 어디서 이런 찬 바람 나오누. 오오라 고마워라 주사약같이 사람 살려 주는 바람 에어컨 앞에 가신 할머니. 벽에 걸린 철 양반 고맙소. 인제 살것소. 두 손 모아 에어컨에게 꾸뻑.

소천召天

– 진료소에서 · 64

흙 담 사랑방
손바닥만한 텔레비전 켜놓고
봄나물 고르던 할머니
앉은 자리 그대로 부음 전갈

독거노인 밑반찬 나르면
축담까지 내려와 합장하며
잡아 주던 거칠던 두 손목
그 체온 아직 살아 있는데.

부랴부랴 달려온 아들 수의壽衣를 찾고
동네 어르신들 마을회관에 모여
자는 잠에 데려가소서
빌고 빌더니 편하게 잘 갔어.
배웅하는 포구나무 까마귀 울음
땅도 하늘도 섧다.

나이테

–진료소에서 · 63

어서 죽어야지
이렇게 아플 바에는 죽는 게 낫지
저승사자는 낮잠 자나 날 잡아가질 않고
수렁배미 주름살에 세월을 적시고
주문呪文 외우고 또 외워도
앓던 무릎에 새봄이 왔네.
쏘옥 쏘옥 꿈틀거리며 뽐내는 저 쑥
귀여운 새싹들 좀 봐
오늘은 쑥 캐어서
조개 넣고 된장국도 끓이고
쑥털털이도* 해먹어야지
나이를 꺾고 곧장 봄맞이 간다.
죽고 싶다던 건 아무래도
한줄 더 긋고 싶은 나이테 같다.

*쑥털털이 : 쑥버무리의 경상도 방언. 쑥과 쌀가루를 버무려 찐 떡.

잃어버린 목소리

– 진료소에서 · 62

목소리 앗아간
후두암 너를 원망하랴
살고 싶다 한마디에
무정하게 잘린 성대

아– 어– – –
열린 귀에 닿는 쉰 소리
여음의 끝자락 바람의 얼굴만
잃어버린 그대를 찾고 찾는다.

떨리는 손가락 사이
흘리는 글체에
돌아오지 않을 뒤안길
서러운 허상 지우고

밥상만큼 절실한
서러운 반쪽 거울에
가난한 영혼바람은
엄숙한 흙의 길로 향한다.

자화상

–진료소에서 · 61

대문 삐꺽 소리에
겁먹고 먼저 달아나는
종종걸음 멈춘 암탉 한 마리

구두 발자국 소리에 기죽어
뒤란으로 달려가다 꼬꼬 신음 소리에
내 모습 그리는 중.

만날 사람 없다고 헛간에 매인 송아지
꼬리로 까만 파리 쫓으며 눈알 굴리고
아예 눈썹도 비비지 않는
누렁이와 살찐 나비의 늘어진 잠 마당에
목마른 화분만이 나를 바라보아
오후 4시에 피어서 저녁밥 지으시라 일러주는
분꽃에 부은 물 한 바가지 다 빠질 때까지

아직도 겁먹고 옴츠려 꼬꼬 거리는
뒤란 촌닭이 꼭 내 모습 같아
나도 따라하는 꼬꼬꼬 신음 소리.

어떤 부자

– 진료소에서 · 60

나이가 많아요
욕심도 많아요.
비만에 당뇨병도 있고요
혈압은 높은 빌딩
주머니에 담배도 가득
심장병도 가졌어요
담석에 관절장애에
골다공증에
눈, 귀 입속에도 있어요
다 있고 다 가졌어요
종합선물세트지만
나눠 드릴 수 없어요
종합병원 차려야지요

물레방아처럼

– 진료소에서 · 59

그대가 나를 사랑하지 않아도
나는 그대를 사랑하는 것
무지개 걸린 하늘 아래서
은빛 비늘을 뿌리며

그 뜨거운 사랑에 갇혀
황홀한 곤두박질
신선한 소용돌이 바퀴 한 세상
또 하루 하루가 저물고

적막에 살아나는 상처도
재웠던 아픔도 쉽게 풀라
시름도 둥글게 쓸어내리며
돌고 도는 반복의 고백

눈물 밥

–진료소에서 · 58

내 어머니
요양원에 맡기고 돌아온 날
멈추지 않던 한숨, 한숨

밥이 다 무어야
밥이 밥 부르는 세상
밥 등지고는 살 수 없나

달콤한 어머니 살갗 미소
마음 눈 숟가락에 걸려
눈물이 반찬 된 날

열어 보는 심중의 창
낮게 부르신 가시밭길
마음 강에 비비는 눈물 밥

상여 오던 날

–진료소에서 · 57

푸르던 하늘도
잿빛 손수건 가려
검은 슬픔을 뚝뚝 흘리고

꽃잎 떨어뜨리고
발길 젖는 빗줄기마다
선 무딘 바람 맴돌고

높은 전봇대 끝
수다를 멈춘 낯선
직박구리 한 마리 길을 잃다

가난한 소망

– 진료소에서 · 56

저승사자님
난 한낮에 가고 싶어요
어둠은 무서워
악마가 나타날 것만 같아요
환한 햇살은 천사의 날개
빛의 손길은 여전히 감미로워
언제나 그 시간
그 자리에 돌아와
나를 따뜻하게 데워주는
낯익은 사람들 손잡고
천진한 햇살 노래에 머물며
천국으로 가고 싶어요
한낮에 데려가 주세요

천 원짜리 이야기

–진료소에서 · 55

꼬부랑 골목길 거동불편 어르신
소한과 대한 사이
수도관 얼고 양수기 터져
물 구경 언제 하나
부엌문 반쪽씩 반 칸
삐꺽거리며 열고 닫고
입가에 거품 일었지만
손가락 사이사이 끼인
휴지 조각이 앞선 오리걸음으로
어눌한 이웃 친구를 찾아와
요샌 명태보다 라면이 더 맛있지
난 천천히 먹어도 속에서 안 내려가
하루 목숨 지탱하는 이야기
값으로 매길 수 없지만
암, 사는 얘기는 흔하고 붉어
잘 찢어지지도 않아

성城은 성星이다

– 진료소에서 · 54

하루를 무장한 벌건 고무장갑이
다리를 무장한 검은 장화 따라
오늘도 마음 안 성城을 향하여
추적추적 걷는다.

태양에 그을린 까만 얼굴
소리 없이 툭 불거진
혈관과 인대를 잡고
파도처럼 철썩이며

어린 자식 묻은 설움을
잊어라 잊으라는
고기잡이 거대한 성城에서
끈질기게 따라온 공존의 응어리

소용돌이 포물선 물결에
빠트리는 불덩어리로 윤회의 성城은
잡히지 않는 성星이다

무한직선

–진료소에서 · 53

돌아온 강남 제비
집주인 양반 안부 물어
옷 한 벌 훌훌 벗어놓고
박씨 가문 선산으로 갔다는
사립문 갯바람의 대답 한 줄

비바람에 굴러든 소주병 하나
흙 묻은 입술 더 열지 못하고
먼지 짓무른 마룻바닥에
세월은 제비보다 더 빠른
빛 날개가 있다고
찍– 그인 한 획

제5부 호스피스 추모시

가신 님 낮달 같아

–호스피스 사별가족 모임 시 낭송

지금은 낮달 같은
님을 사랑방에서, 침상에서
양로원에서 만났습니다
찬바람 불던 인생의 모서리는
차라리 아름답다 마음 떨구고
모든 것 안고 용서하며
빈 가슴 쓸며 마주한 눈빛이 고왔더이다
인고의 눈시울
곰삭은 서러움의 빈손엔
서린 온정이 따뜻하던 님이시여
외로움과 슬픔과 원망과
고통 없는 그곳 천국은
웃음꽃 향기가 그윽하겠지요
숨 가쁜 언덕 넘어 낮달같이 뜬 영혼
천사의 수호 받아
영원한 평화의 안식을 누리소서
주님의 거침없는 불타는 사랑을
영원히 영원히 받으소서.

꽃메아리 · 4

그대 한 송이
아픈 꽃으로 떠났어도
선명한 눈빛 영혼 꽃으로
이 가슴에 되 오시나니

따뜻한 두 손 마주잡고
강물처럼 영혼같이 흐르다
바다 끝까지 가자던 그대
젊은 그 백발 언약은

저 슬픔 끝자락
낮은 목소리에 스며든
도란도란 안개꽃
거룩한 꽃메아리로 오시나니

그대
새겨진 한 말씀 되어
푸른 자유 노래하는 꽃메아리로 오시나니.

불빛, 그대에게*

인생의 길목에서
내 안의 꿈도 불빛이었다
그 무엇이 되리라
탑처럼 쌓였던 찬란한 꿈의 빛

하늘이여, 구름이여
마냥 부서지고 반짝이던 꿈
뭉텅 잘려버린 서툰 생애에
캄캄한 걸음걸음 마음은 있어도 없다
잃어버린 길일지라도 한사코 가야지
어머니 품에 엎디어
울음으로 지친 영혼에
한줄기 빛으로 다가온 그대여
아 – 환한 미소 평화의 그대여

허공 젓는 손목 잡으면
낯설지 않던 따스한 체온
부드러운 손길로
내 아픈 눈물 곱게 씻어준 그대는
정녕 천사였어요

눈부시지 않는 작은 꽃 천사

마침내 짙은 나의 슬픔은
노을 같은 그대 사랑에
보드란 깃털 속에 안식하는
진정 아늑한 내 영혼의 위로자

불, 빛이여!
그대!
따뜻한 내 마음의 천사여!

*지극정성으로 돌보는 호스피스 봉사자에게 대상자가 바치는 노래.

저 고통 승천하네

–성모 꽃마을에서

검붉은 고통 항아리
하늘 햇살에 다 드러낸
그 맑고 환한 기쁨의 밤을 보았다

저 먼 곳 말씀이 단단한 밧줄처럼 내려온다
"수고하고 무거운 짐 진 자들아 다 나에게로 오너라"
"이제 곧 나의 평화를 너희에게 주노라"
"내가 주는 물은 영생의 샘물이 되리라"

어둡고 망망한 바다에 누워
눈감고 등대 불빛에 기대어
지친 노 젓던 한 줌의 마른풀
기다리는 소천所天의 명命

"죽음의 그늘진 골짜기 간다 해도
 주님 함께 계시니 두려울 것 없도다"

오, 저 고운 찬미 찬송 꽃대 위로
훨얼훨 나비 되어 가누나
안개 옷 벗고 한줄기 빛으로
저 고통 기쁨으로 승천하누나

얼음꽃 Ⅳ

그랬다
의사는 분명 내 목소리 대신
사는 날을 더 준다고

창 밖 굵고 검은 전깃줄 잡고
푸른 약속 자유 바람을 탔다

시간은 재각 재각
한사코 아니라고 비켜서서
시들지 않는 신열로 거부하고
구역질 건너면서 두통을 옮았다

이미 포로가 된 혼미한 정신 줄
어딘지 한번도 가 본 적 없는
골목 모퉁이를 돌아 깊고 어둔 낯선 곳

오로지 사랑 열쇠를 거머잡고
녹으면 산화될 벙어리 화장火葬꽃

얼음꽃 V

–살아 있는 날의 소원

차가운 얼음꽃이
마루 끝에 노는 햇살에게 부탁한다.

나 죽어 빛이 된다면
작은 별이겠지요.
이별離別하는 순간부터
별 꽃으로 만들어주세요

저 어린것 얼굴 잊어버릴까
잠자는 것도
들여다보고 또 보다가
그 곁에서 지키게 해주세요.

오늘 하루를
십 년처럼 아름답게 해주세요.
사라지지 않는
사랑 흔적을 남겨 주세요.

얼음꽃 녹아들면
따뜻한 햇살꽃 되어 아이 곁에 머물게 해주세요.